DE LA RESPONSABILITÉ DE L'ÉTAT

CONSIDÉRÉ COMME PUISSANCE PUBLIQUE

A L'ÉGARD DES TIERS

PAR

J. LEFOURNIER

SECRÉTAIRE GÉNÉRAL DE LA PRÉFECTURE D'EURE-ET-LOIR

OFFICIER DE L'INSTRUCTION PUBLIQUE

EXTRAIT DE LA REVUE GÉNÉRALE D'ADMINISTRATION
(Juillet 1894)

BERGER-LEVRAULT ET Cie, LIBRAIRES-ÉDITEURS

PARIS — 5, RUE DES BEAUX-ARTS

NANCY — 18, RUE DES GLACIS

1894

DE LA

RESPONSABILITÉ DE L'ÉTAT

CONSIDÉRÉ COMME PUISSANCE PUBLIQUE

A L'ÉGARD DES TIERS

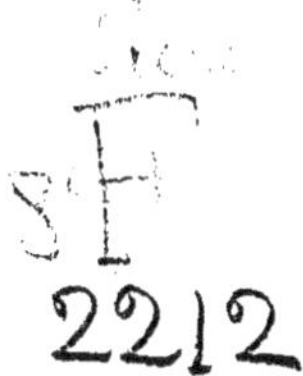

DU MÊME AUTEUR

De la Compétence en matière d'offres de concours pour travaux publics. (*Revue générale d'administration,* novembre 1887.)

Les Battues communales. [Interprétation et application de l'article 90, § 9, de la loi du 5 avril 1884. — Questions controversées.] (*Revue générale d'administration,* mai 1888.)

Du Recours au Conseil d'État pour excès de pouvoir. (*Revue générale d'administration,* août 1891.)

EN PRÉPARATION :

Des Questions préjudicielles :

Devant la juridiction civile,

Devant les juridictions de répression,

Devant la juridiction administrative.

DE LA

RESPONSABILITÉ DE L'ÉTAT

CONSIDÉRÉ COMME PUISSANCE PUBLIQUE

A L'ÉGARD DES TIERS

PAR

J. LEFOURNIER

SECRÉTAIRE GÉNÉRAL DE LA PRÉFECTURE D'EURE-ET-LOIR

OFFICIER DE L'INSTRUCTION PUBLIQUE

EXTRAIT DE LA REVUE GÉNÉRALE D'ADMINISTRATION

(Juillet 1894)

BERGER-LEVRAULT ET Cie, LIBRAIRES-ÉDITEURS

PARIS — 5, RUE DES BEAUX-ARTS

NANCY — 18, RUE DES GLACIS

1894

DE LA

RESPONSABILITÉ DE L'ÉTAT

CONSIDÉRÉ COMME PUISSANCE PUBLIQUE

A L'ÉGARD DES TIERS

En poursuivant notre étude, actuellement en préparation, sur les exceptions préjudicielles devant les diverses juridictions, nous avons rencontré une question d'un vif intérêt, non seulement au point de vue doctrinal, mais encore et surtout peut-être au point de vue pratique, en raison de la fréquence des cas où elle se présente, et nous croyons utile de la traiter dans une monographie spéciale, en quelques pages condensées, avec toute la clarté que nous pourrons mettre en cette matière ardue : il s'agit de la responsabilité de l'État, puissance publique, à l'égard des tiers.

L'État, considéré comme *personne civile,* en qualité de propriétaire ou de contractant, et à raison des rapports qui découlent de cette situation entre lui et les particuliers, est en principe, sauf dispositions contraires, justiciable des tribunaux ordinaires. Il ne l'est pas *en tant que personne publique,* chargée d'assurer la marche des différents services du pays, à moins toutefois que des lois spéciales à ces services ne l'aient exceptionnellement soumis à l'autorité judiciaire, comme il arrive dans certains cas, par exemple en matière de douanes[1], de con-

1. Loi du 22 août 1791 sur les douanes (titre XIII, art. 19).

tributions indirectes[1], d'expropriation[2], d'exploitation de chemins de fer[3], de postes[4], de réquisitions militaires[5] ; mais ces exceptions, absolument limitées aux cas prévus, ne font que confirmer la règle fondamentale de notre droit, qui place dans le domaine de la compétence administrative les réclamations formées contre l'État à raison du fonctionnement des services publics.

Cette doctrine est enseignée par les auteurs les plus considérables : Hanrion de Pansey, Merlin, Dufour, Dareste, Boulatignier, le savant Aucoc et le maître éminent de la science administrative contemporaine, M. Laferrière, vice-président du Conseil d'État.

Elle a été consacrée par les lois constitutives de la séparation des pouvoirs, des 16-24 août 1790 et 16 fructidor an III, qui interdisent à l'autorité judiciaire tout examen, toute critique soit des règlements administratifs, des ordres et instructions donnés par l'Administration à ses agents, soit de l'omission de ces diverses mesures.

La formule de la loi des 16-24 août 1790 est particulièrement énergique : « Les juges ne pourront, à peine de forfaiture, troubler de quelque manière que ce soit les opérations du corps administratif, ni citer devant eux les administrateurs pour raison de leurs fonctions. » Cela ne signifie pas seulement que les juges doivent s'abstenir de décider par voie de dispositions générales et réglementaires, d'annuler ou de redresser les actes de l'autorité administrative, d'en critiquer la légalité. Cela veut dire aussi qu'ils sont radicalement incompétents pour connaître de toutes les demandes formées contre l'Administration, à raison des services publics, quel que soit leur objet, et alors même qu'elles tendraient, non pas à faire annuler ou réformer par l'autorité judiciaire les actes de l'Administration, mais simplement à faire prononcer contre elle des condamnations pécuniaires, en réparation de dommages causés par ses opérations. (Rapport de M. David, commissaire du Gouvernement, devant le Tribunal des conflits, affaire Blanco, 8 février 1873.)

D'ailleurs l'État ne peut être déclaré débiteur, à raison des services publics, en dehors des conditions fixées par les lois spéciales du 8 août

---

1. Décret du 1er germinal an XIII (art. 29) relatif aux contributions indirectes.
2. Loi du 3 mai 1841 sur l'expropriation pour cause d'utilité publique.
3. Loi du 15 juillet 1845 (art. 22) sur les chemins de fer.
4. Lois du 4 juin 1859 et du 25 janvier 1873 sur les postes.
5. Loi du 3 juillet 1877 sur les réquisitions militaires.

1790 et du 26 septembre 1793, qui ont formellement écarté la juridiction des tribunaux en pareille matière et réservé la décision à l'autorité administrative. Ces lois ne sont nullement transitoires, ainsi que certains l'ont d'abord pensé ; elles ont un caractère permanent, comme les nécessités supérieures qui les ont dictées et en réclament le maintien. Aussi, depuis cette époque, la législation de la comptabilité publique a toujours rappelé ce principe fondamental que, sauf les dérogations expressément établies, aucune créance ne peut être reconnue et liquidée à la charge du Trésor, pour cause de gestion des services publics, que par l'un des Ministres ou par ses délégués [1].

On a objecté et soutenu que, s'il est prescrit aux tribunaux de s'abstenir de tout examen et de toute critique des actes et règlements administratifs, il appartient néanmoins à l'autorité judiciaire de statuer, conformément aux articles 1382, 1383 et 1384 du Code civil, sur toutes les réparations de dommages causés par le fait d'autrui ; que cette compétence est générale, que l'État est, comme tout autre commettant, responsable de ses préposés et peut être condamné à subir les conséquences de leurs actes à l'égard des tiers.

Ce système repose sur une fausse assimilation entre l'État et un commettant ordinaire. A la différence de ce dernier, qui choisit librement ses préposés et les surveille à son gré, l'État prend les siens comme les lui donne le jeu des examens, concours et règlements qui président à la nomination et à l'avancement des fonctionnaires publics ; il est même obligé de subir complètement ses représentants en matière militaire, puisque tous les citoyens sont appelés à servir, et que les officiers sont propriétaires de leur grade ; en raison de l'infinie variété des emplois, l'État est dans l'impossibilité de veiller individuellement sur les actes de ceux qui les détiennent, et il n'a sur eux d'autres moyens d'action que des instructions générales bien moins efficaces que la vigilance exercée à tout moment par le commettant ordinaire sur son préposé.

D'autre part, l'article 1384, dont on invoque les termes généraux, ne vise que les rapports d'ordre privé qui s'établissent entre des particuliers dont l'un recourt à l'aide de l'autre pour le règlement de ses affaires, et non les rapports d'ordre public que font naître entre l'État et ses agents l'exercice d'une partie de l'autorité gouvernementale et la gestion des grands services du pays. Cet article de loi, comme tout

1. Ordonnance du 31 mai 1838. — Décret du 31 mai 1862.

le Code civil, n'est fait que pour les intérêts privés, et les qualifications de commettant et de préposés que contient son texte, exclusivement applicables aux mandats conférés de particulier à particulier, ne s'étendent nullement aux fonctions qui touchent à l'administration de l'État. Cette interprétation de l'article 1384 est la seule conforme à la pensée du texte, à la discussion qui en a précédé l'adoption par le législateur de 1804, à l'esprit général du Code civil et à la nature même des choses.

« Ce n'est donc pas l'article 1384 du Code civil qui impose à l'État « le devoir d'indemniser, dans certains cas, ceux qui ont éprouvé un « dommage du fait de ses fonctionnaires ; ce devoir découle uniquement « d'un principe général et supérieur de justice dont la loi civile s'est « inspirée pour régler les rapports de particulier à particulier, et que « la loi ou la jurisprudence ont appliqué à l'État dans ses rapports avec « ses agents et avec les tiers [1]. »

La doctrine qui vient d'être exposée a été proclamée maintes fois par le Tribunal des conflits, avec l'autorité souveraine qui s'attache à ses décisions.

La jurisprudence du Tribunal des conflits est à cet égard, depuis l'origine, d'une remarquable continuité ; il serait aisé d'en fournir la preuve, mais, pour abréger, nous ne remonterons pas au delà de 1872, date du rétablissement de cette juridiction suprême. Le 8 février 1873 intervient une décision d'autant plus considérable qu'elle est rendue après un long dissentiment avec la Cour de cassation et se place sous l'autorité de M. Dufaure, alors garde des sceaux et président du haut Tribunal. En voici le texte littéral : « Considérant que l'action intentée « par le sieur Blanco a pour objet de faire déclarer l'État civilement « responsable, par application des articles 1382, 1383 et 1384 du Code « civil, du dommage résultant de la blessure que sa fille aurait éprouvée « par le fait d'ouvriers au service de l'administration des tabacs ; que « la responsabilité qui peut incomber à l'État pour les dommages cau- « sés aux particuliers par le fait des personnes qu'il emploie dans les « services publics ne saurait être régie par les principes établis dans le « Code civil pour les rapports de particulier à particulier ; que cette « responsabilité n'est ni générale, ni absolue ; qu'elle a ses règles spé- « ciales qui varient suivant les besoins du service et la nécessité de

1. Laferrière, *Traité de la juridiction administrative*, t. Ier, p. 624.

« concilier les droits de l'État avec les droits privés ; que dès lors, aux « termes des lois ci-dessus visées (lois des 16-24 août 1790 et du 16 « fructidor an III), l'autorité administrative est seule compétente pour « en connaître[1]. » — Décisions identiques le 29 mai 1875[2], le 31 juillet 1875[3], le 20 mai 1882[4], le 20 décembre 1884[5], le 15 février 1890[6], le 10 mai 1890[7], le 29 novembre 1890[8].

Indépendamment de la formule générale qui leur est commune, ces décisions ajoutent souvent, pour donner encore plus d'énergie à la pensée « que les tribunaux civils ne peuvent être régulièrement saisis « de l'examen de la responsabilité de l'État en pareille matière que « dans le cas où la connaissance leur en a été expressément attribuée « par une disposition légale », ou encore cette variante plus accentuée : « Si quelques lois spéciales très peu nombreuses ont, pour des cas « particuliers et à l'égard de certains services publics nommément dé- « signés, édicté en termes exprès la responsabilité civile de l'État et « la compétence des tribunaux ordinaires, ces dispositions légales ne « se comprendraient pas si cette responsabilité était engagée dans les « termes du droit commun. »

Parmi les décisions précitées du Tribunal des conflits, il en est qui méritent une mention spéciale, soit au point de vue juridique, soit au point de vue pratique.

Au point de vue juridique, nous signalerons la décision du 20 mai 1882 (de Divonne), en ce qu'elle vise le décret-loi du 26 septembre 1793, qui réserve à l'autorité administrative le règlement des créances sur l'État, et applique cette loi comme étant toujours en vigueur et présentant un caractère permanent.

Au point de vue pratique, nous recommanderons à l'attention du lecteur les décisions du 15 février 1890 (veuve Piéri) et du 29 novembre 1890 (Boutes et Bruniquel) en ce qu'elles se rapportent à des espèces qui se rencontrent souvent. Pour faire mieux saisir la portée

---

1. 1er février 1873. — Blanco. D. P. 1873, 3, 22.
2. 29 mai 1875. — Ramel. D. P. 1876, 3, 45.
3. 31 juillet 1875. — Renaux. D. P. 1876, 3, 45.
4. 20 mai 1882. — De Divonne. D. P. 1883, 3, 115.
5. 20 décembre 1884. — Maillé. D. P. 1886, 3, 85.
6. 15 février 1890. — Veuve Piéri. D. P. 1891, 3, 71.
7. 10 mai 1890. — Commune d'Uvernet. D. P. 1891, 3, 108.
8. 29 novembre 1890. — Boutes et Bruniquel. D. P. 1892, 3, 47.

de ces dernières décisions, nous croyons utile d'en reproduire la teneur littérale.

Première décision. — « Considérant que l'action intentée par la dame veuve Piéri contre le préfet du département de la Corse, représentant l'État, a pour objet de faire condamner l'État à des dommages-intérêts comme responsable du préjudice résultant de la blessure que la fille de la requérante aurait reçue le 14 juillet 1888, pendant le tir au canon, et par le fait des artilleurs préposés à ce tir ;

« Considérant que la responsabilité qui peut incomber à l'État pour les dommages causés aux particuliers par le fait des personnes à son service, dans l'accomplissement d'un service public, ne peut être régie par les principes qui sont établis dans le Code civil pour les rapports de particulier à particulier ;

« Que cette responsabilité n'est ni générale, ni absolue ; qu'elle a ses règles spéciales, qui varient suivant les besoins du service et la nécessité de concilier les droits de l'État avec les droits privés ;

« Que dès lors, aux termes des lois ci-dessus visées, l'autorité administrative est seule compétente pour en connaître ;

« Art. 1er. — L'arrêté de conflit est confirmé. »

Deuxième décision. — « Considérant que l'action intentée par les conjoints Boutes et la dame Bruniquel devant le juge de paix du canton de Labruguière tendait à faire déclarer l'État civilement responsable des dommages causés à leurs champs et récoltes, depuis trois ans, par les troupes d'artillerie qui viennent chaque année camper, pendant plusieurs mois, au polygone du Caussé, pour y faire divers exercices et notamment les écoles à feu ;

« Considérant que la responsabilité qui peut incomber à l'État pour les dommages causés aux particuliers par le fait des personnes qu'il emploie dans les services publics, n'est pas régie par les principes de droit civil établis pour les rapports de particulier à particulier ; que cette responsabilité n'est ni générale, ni absolue ; qu'elle a ses règles spéciales qui varient selon les besoins du service et la nécessité de concilier les droits de l'État avec les droits des particuliers ; que dès lors, aux termes des lois ci-dessus visées, l'autorité administrative est seule compétente pour en connaître, sauf les cas où une loi spéciale a expressément attribué compétence à l'autorité judiciaire ;

« Considérant que, si l'article 5 de la loi du 25 mai 1838 dispose que les juges de paix connaissent sans appel, jusqu'à la valeur de 100 fr., et à charge d'appel, à quelque valeur que la demande puisse s'élever, des actions pour dommages faits aux champs, fruits et récoltes, soit par l'homme, soit par les animaux, cette disposition n'a eu d'autre but que d'élever en la matière le taux de la compétence en dernier ressort des juges de paix, et ne saurait être interprétée comme ayant implicitement, par dérogation au principe ci-dessus rappelé, étendu la compétence de l'autorité judiciaire aux dommages qui peuvent résulter de l'exécution des services publics ;

« Considérant, d'autre part, que les dommages visés dans l'assignation ne rentraient pas dans les catégories de ceux auxquels sont applicables les dispositions des articles 14 et 54 de la loi du 3 juillet 1877 sur les réquisitions militaires ; qu'il ne s'agissait en effet ni de dommages occasionnés par les troupes dans leurs logements ou cantonnements, ni de dommages causés aux propriétés privées par le passage ou le stationnement des troupes dans les marches, manœuvres et opérations d'ensemble, qui sont prévues à l'article 28 de la loi du 24 juillet 1873 et qui doivent s'effectuer dans les conditions déterminées par le titre IX du règlement du 2 août 1877 ;

« Considérant, en conséquence, que c'est avec raison que le préfet du Tarn a revendiqué pour l'autorité administrative la connaissance du litige pendant devant le tribunal civil de Castres ;

« Art. 1er. — L'arrêté de conflit est confirmé. »

La Cour de cassation a fini par s'incliner devant les décisions souveraines du Tribunal des conflits et s'est ralliée à la jurisprudence qu'elles consacrent.

Dans deux arrêts du 30 décembre 1873 [1] elle a reconnu la compétence administrative, « attendu, portent ces deux arrêts, que la demande de Peltier, motivée sur un fait reproché à l'État, puissance publique, ou à ses agents dans l'accomplissement d'un service public, devait être déférée à l'autorité administrative, à laquelle seule appartient le pouvoir de rechercher si l'administration ou ses agents ont agi dans la limite des instructions qu'ils ont reçues et quelle peut être la responsabilité qui incomberait à l'État à raison des dommages que des

1. C. c. ch. civ. 30 décembre 1873. — Peltier et Samson. D. P. 1874, 1, 384.

particuliers prétendent leur avoir été causés par le fait des agents employés dans un service public;

« Casse. »

Arrêts identiques du 4 avril 1876[1], du 19 novembre 1883[2], du 17 mars 1884[3] et du 26 août 1884[4].

La jurisprudence du Tribunal des conflits a été adoptée par la plupart des cours et tribunaux, qui ont reconnu l'incompétence de l'autorité judiciaire pour statuer notamment:

1° Sur l'action en responsabilité dirigée contre l'État à raison d'un accident causé par l'imprudence d'un cavalier appartenant à l'armée ou par le vice de son cheval[5]; — 2° sur l'action intentée contre le directeur général des postes, en remboursement d'un mandat qui aurait été payé par erreur à une autre personne que le bénéficiaire par un employé de l'administration, alors qu'aucune faute personnelle n'est alléguée contre ce dernier et qu'au contraire l'action est dirigée contre l'État[6]; — 3° sur la demande d'indemnité formée par le voisin d'un champ de tir établi par l'autorité militaire, en vertu d'une décision administrative, à raison du préjudice causé à sa propriété par les projectiles qui mettraient en danger les personnes et les animaux[7].

Il importe de remarquer que la compétence judiciaire est écartée non seulement quand l'État est l'objet de poursuites directes, seul ou conjointement avec ses préposés, mais encore lorsqu'il est mis en cause par voie d'appel en garantie. L'action principale peut relever de la juridiction civile; mais l'action en garantie échappe à cette juridiction, en raison de l'incompétence de celle-ci à l'égard du garant. Il n'y a pas à se préoccuper ici de l'article 181 du Code de procédure civile, aux termes duquel « ceux qui seront assignés en garantie seront tenus de procéder devant le tribunal où la demande originaire sera pendante, encore qu'ils dénient être garants »; cette disposition, qui dé-

1. C. c. ch. civ. 4 avril 1876. — Larre-Brusset et Vigoureux. D. P. 1877, 1, 69.
2. C. c. ch. civ. 19 novembre 1883. — Flornoy. D. P. 1884, 1, 246.
3. C. c. ch. civ. 17 mars 1884. — Veuve Selyot. D. P. 1884, 1, 327.
4. C. c. ch. civ. 26 août 1884. — Orion. D. P. 1885, 1, 72.
5. Alger, 12 février 1877. — Préfet d'Oran. D. P. 1879, 2, 17.
6. Tribunal de la Seine, 13 décembre 1873. — Aff. Gauthier. D. P. 1874, 5, 120.
7. Tribunal d'Évreux, 20 avril 1881. — Aff. Renoult. D. P. 1881, 3, 83. Dalloz, supplément au *Répertoire*, au mot *Compétence administrative*, n° 182.

roge à la compétence *ratione personæ*, ne saurait porter atteinte à la compétence *ratione materiæ*, qui dérive du principe de la séparation des pouvoirs. (Laferrière, *Traité de la Juridiction administrative*, tome Ier, p. 628.)

Ainsi jugé par le Tribunal des conflits, notamment le 25 janvier 1873, aff. Chemin de fer de Lyon (D. P. 1873, 3, 17), le 8 février 1873, aff. Dugave (D. P. 1873, 3, 17), le 17 janvier 1874, aff. Ferrandini (D. P. 1875, 3, 2), le 10 mai 1890, aff. commune d'Uvernet (D. P. 1891, 3, 108).

La même jurisprudence a été appliquée tout récemment par le tribunal civil de Dreux dans une espèce assez singulière. Un sieur A... avait été renversé dans une rue de Dreux sous les roues de la voiture qu'il conduisait, par suite d'une collision avec une autre voiture appartenant au sieur B..., dont le cheval s'était emporté au bruit des sonneries de clairons effectuées par les troupes de la garnison. Le sieur A..., grièvement blessé, était mort quelques jours après; sa veuve avait actionné le propriétaire du cheval et de la voiture qui avaient occasionné l'accident, en paiement de 8,000 fr. de dommages-intérêts. Le défendeur B... soutenait que, le bruit soudain des tambours et des clairons de la troupe ayant amené l'effarement de son cheval et se trouvant être dès lors la véritable cause de l'accident, il était fondé à appeler en garantie l'État, en la personne de M. le ministre de la guerre, pour l'obliger d'assumer à sa décharge la condamnation qu'il pouvait encourir. M. le préfet d'Eure-et-Loir présenta aussitôt un déclinatoire et, sur les conclusions très nettes de M. le procureur de la République, le tribunal de Dreux, par jugement du 9 janvier 1894, se déclara incompétent sur l'action en garantie contre l'État et renvoya B... à se pourvoir devant qui de droit.

Ainsi donc, pour conclure, tout désaccord de jurisprudence a maintenant disparu au sujet du règlement de cette importante question de compétence, et il demeure établi que les actions en responsabilité civile formées par les tiers contre l'État, puissance publique, relèvent exclusivement de l'autorité administrative, qui a seule qualité pour en connaître.

Quelle est maintenant cette autorité? C'est le ministre du département intéressé, agissant non comme juge, — la doctrine du ministre-juge est inexacte en droit et aujourd'hui abandonnée, — mais comme administrateur supérieur, comme premier représentant de l'État. La décision du ministre peut toujours être l'objet d'un recours contentieux devant le Conseil d'État, et reste soumise au jugement souverain de ce haut Tribunal, qui fonctionne ici, non comme juridiction d'appel, mais comme juridiction ordinaire, chargée de statuer sur tous les litiges où se trouve engagée la responsabilité de l'État en raison de la gestion des services publics.

Telle est la loi, telle est la jurisprudence sur la matière; il est nécessaire de s'en bien pénétrer pour sa gouverne personnelle comme pour la conduite des intérêts dont on a la charge.

Nancy, imprimerie Berger-Levrault et Cie.

L'Assistance médicale gratuite. Commentaire de la loi du 15 juillet 1893, par Édouard CAMPAGNOLE, rédacteur au ministère de l'intérieur, secrétaire du conseil supérieur de l'assistance publique. 1894. — Volume in-8° de 358 pages, broché. . . . 6 fr.
Relié en percaline . . . . 7 fr.

Régime légal et financier des Associations syndicales. Étude pratique destinée aux maires, conseillers de préfecture, ingénieurs des ponts et chaussées, etc., par A. AUBERT, percepteur-receveur, ancien secrétaire particulier du préfet de la Seine. 2e édition, contenant le décret du 9 mars 1894 portant règlement d'administration publique sur les associations syndicales. 1894. Volume in-12, broché. . . . . 3 fr.

Recueil de législation et de jurisprudence à l'usage des Syndicats professionnels, commerciaux et agricoles. Années 1884 à 1893. Volume in-8° de 148 pages, br. 1 fr.

Réflexions sur le fonctionnement et le rôle de l'assistance publique en France, par A. SAVOURÉ-BONVILLE, inspecteur départemental du service des enfants assistés et des établissements de bienfaisance. Volume in-12, broché. . . . . 2 fr.

De l'Assistance publique relativement à l'enfance, par J. MARIE, professeur à la Faculté de droit à Rennes. 1892. In-8°. . . . . 2 fr.

Des Visites de lieux. Procédure devant les conseils de préfecture, par A. NECTOUX, conseiller de préfecture. 1894. — Brochure grand in-8° . . . . 2 fr.

Les Occupations temporaires et la loi du 29 décembre 1892, par L. DELANNEY, docteur en droit, rédacteur principal au Ministère de l'intérieur. Un volume in-12 de 306 pages, broché. . . . . 3 fr. 50 c.

La Loi municipale. Commentaire de la loi du 5 avril 1884 sur l'organisation et les attributions des conseils municipaux. Suivi du commentaire de la loi du 22 mars 1890 sur les Syndicats des communes, par Léon MORGAND, chef de bureau à la Direction de l'Administration départementale et communale au Ministère de l'intérieur. 4e édition, revue, augmentée et mise au courant de la jurisprudence. 1892. — Tome I : *Organisation.* — Tome II : *Attributions et comptabilité.* Ouvrage honoré d'une souscription du Ministre de l'intérieur. Deux vol. in-8° (1191 pages), brochés . . 15 fr.
Reliés en percaline . . . . 18 fr.

Élections municipales. Jurisprudence du Conseil d'État, par Marcel JUILLET SAINT-LAGER, sous-chef de bureau au Ministère de l'intérieur, ancien vice-président de conseil de préfecture. 2e édition, revue, mise à jour et augmentée. 1892. Ouvrage honoré d'une souscription du Ministère de l'intérieur. Un vol. in-8° de 395 p., broché. 4 fr.

Des Délégations spéciales, par Marcel JUILLET SAINT-LAGER, sous-chef de bureau au Ministère de l'intérieur. 1892. Grand in-8° . . . . 1 fr. 50 c.

Traité de police administrative et de police judiciaire à l'usage des maires, par Léon THORLET, chef de bureau à la préfecture de la Seine. Un volume in-8° de 713 pages, broché, 10 fr. ; relié. . . . . 12 fr.

Du Pouvoir réglementaire, par J. DEJAMME, auditeur au Conseil d'État. Ouvrage honoré d'une souscription du ministre de l'intérieur. 1893. Vol. gr. in-8°, broché. 3 fr. 50 c.

Manuel de l'Inspecteur des denrées alimentaires, à l'usage des inspecteurs et des commerçants, par J. BELLENGER, commissaire de police expert, inspecteur au laboratoire de chimie de la préfecture de police. Un volume in-12. Prix : broché. 3 fr. 50 c.
Relié en percaline. . . . . 4 fr. 50 c.

Pouvoirs des maires en matière de Salubrité des habitations, par G. JOURDAN, chef de bureau à la préfecture de la Seine. 2e édition, revue et corrigée. — Volume in-12, broché. . . . . 2 fr.

Études d'hygiène publique, par Gustave JOURDAN, chef de bureau à la préfecture de la Seine. 3e édition. 1891. Volume grand in-8° de 211 pages, broché. . . . . 4 fr.

De l'Alignement. Jurisprudence et pratique administrative, par L. DELANNEY, rédacteur au Ministère de l'intérieur. Ouvrage honoré d'une souscription par M. le Ministre de l'intérieur. 3e édition. 1893. Un volume in-12 de 356 pages, broché . . 3 fr. 50 c.

Les Droits de police de l'administration sur les étangs, par Ferd. SANLAVILLE, avocat à la Cour d'appel de Paris. Brochure grand in-8°. . . . . 1 fr. 50 c.

Traité des travaux communaux, à l'usage des maires, par L. THORLET, chef de bureau à la préfecture de la Seine. 1893. Volume in-8° de 437 pages, broché. . 7 fr. 50 c.
Relié en percaline . . . . 9 fr.

Dictionnaire de l'Administration française, par Maurice BLOCK, membre de l'Institut. Avec la collaboration de membres du Conseil d'État, de la Cour des comptes, de chefs de service de divers ministères, etc. — 3e *édition,* complètement refondue et considérablement augmentée, *tenue constamment à jour* par des suppléments annuels qui seront fournis gratuitement aux acquéreurs de l'ouvrage. Un volume grand in-8° de 2240 pages, broché, 35 fr. ; relié en demi-maroquin, plats toile . . . . 40 fr.

Nancy, imprimerie Berger-Levrault et Cie.

www.ingramcontent.com/pod-product-compliance
Lightning Source LLC
LaVergne TN
LVHW010017230826
846092LV00002B/865

9782019284862